Henri DARAGON
et Comte Raoul de la TOUR St-IGEST

LES
SOUVERAINS BELGES
A PARIS

12-15 JUILLET 1910

Programme des Fêtes — Réceptions — Discours
Bibelot populaire Français et Belge
Cartes postales — Photographies — Cigares

OUVRAGE ORNÉ DE PLANCHES HORS TEXTE

H. DARAGON, Libraire-Éditeur
96-98, Rue Blanche, 96-98
PARIS (IXe)

LES
Souverains Belges

A PARIS

12-15 JUILLET 1910

INTRODUCTION

Notre modeste ouvrage présente aux Souverains Belges dans sa première partie les Réceptions officielles et précise l'enthousiasme populaire. — Dans la deuxième partie nous nous sommes efforcés de présenter au Roi Albert Ier un certain nombre de bibelots que ses occupations ne lui ont pas permis de réunir pour sa collection privée. Nous n'ignorons pas que S. M. le Roi des Belges n'est pas indifférent à ce qui se passe autour de Lui. C'est dans ce but que nous avons réuni dans les cinq planches de ce volume une quantité de bibelots à son effigie. Puissions-nous être assez heureux pour lui faire connaître des pièces qui lui étaient inconnues et savoir un jour que ce volume est placé au milieu de sa collection.

Pour arriver à monter ce volume en moins de cinq jours il nous a fallu de nombreuses collaborations. Nous remercions tout particulièrement M. de Fouquières, du Protocole. M. Stern le célèbre graveur, M. Devam-

bez, éditeur de pièces officielles, M. Tissier de la Maison Maquet; tous trois nous ont confié avec une amabilité charmante les menus et les programmes des fêtes de Juillet 1910, cet ensemble d'un goût exquis fait autant honneur aux dessinateurs français qui les ont composés qu'aux éditeurs-artistes qui les ont publiés. — Remercions tout particulièrement M. J. Rigault dont l'inlassable activité nous a procuré plusieurs pièces introuvables, M. Gaston Brisse qui nous a offert plusieurs cartes intéressantes et enfin M. de Romani qui a mis à notre disposition une série remarquable de photographies d'une exécution parfaite ; nous en avons reproduit plusieurs, elles forment la partie la plus vécue de notre seizième volume de la « Collection de l'Histoire par le Bibelot. »

H. D.

R. de la T. S. I.

le 20 juillet 1910.

PREMIÈRE PARTIE

Réceptions officielles

Discours

PREMIÈRE JOURNÉE

—— 12 juillet ——

Paris a reçu les Souverains Belges, avec un brillant enthousiasme, ce fut réellement une apothéose.

Le peuple démocratique français a acclamé les augustes hôtes de la République Française.

Les Monuments furent très bien pavoisés aux couleurs nationales des deux Puissances « France et Belgique ».

Le Palais de l'Elysée, la Légation de Belgique, le Cercle Volney, les Magasins du Louvre, du Printemps, les Galeries Lafayette, le Ministère de la Marine, le Cercle de l'Automobile-Club, le Ministère des Affaires Etrangères, ainsi que les Hôtels et Etablissements de Commerce, tels que l'hôtel Terminus, hôtel Ronceray, Grande Taverne, P. W. Grumwaldt (de la rue de la

Paix), la célèbre maison de couture Paquin, E. Keller, l'antiquaire bien connu du faubourg St-Honoré. F. Potin (du boulevard Malesherbes), la Bénédictine, la Grande Maison (de la rue Auber). Labourdette (le carrossier de la Haute Société Etrangère), *Delaunay Belleville*, la Société Internationale des wagons-lits ; Une mention spéciale pour la Société Laitière Maggi, dont la décoration lumineuse fut splendide, la gare du Bois-de-Boulogne est pavoisée de drapeaux Français et Belges et ornée de magnifiques plantes vertes. Dans le salon aménagé spécialement, très bien décoré de tapisseries des Gobelins, de riches fauteuils Louis XV, du salon au quai, un tapis rouge couvrait le sol, et dans la gare ce n'étaient que massifs et plantes vertes.

Dès 3 heures de l'après-midi les troupes viennent se placer aux abords de la Place de la Concorde et forment la haie depuis la gare du Bois-de-Boulogne jusqu'à la Place de la Concorde.

On a revu les imposants cortèges de Gala, les drapeaux et les oriflammes, la belle prestance de notre armée nationale, on a revu un chef d'Etat S. M. le Roi et la toute Gracieuse reine des Belges, si chaleureusement acclamés, par la population parisienne. En leur souhaitant la bienvenue, de ses enthousiasmes acclamations, c'était le souffle de la popularité française.

Le train royal arrive à 4 h. 10 en gare de la Porte Dauphine où Leurs Majestés étaient attendues par le Président de la République ; Madame Fallières et leur Maison, les présidents du Sénat et de la Chambre, le président du Conseil et tous les membres du Gouvernement les attendaient également.

Le grand chancelier de la Légion d'honneur, M. Beau, ministre de France à Bruxelles ; le conseiller de la légation de Belgique à Paris et Mme Van Ypersel de Strihou, MM. R. Everts, secrétaire de première classe ; le comte Philippe d'Oultremont, secrétaire de deuxième classe et la comtesse Philippe d'Oultremont ; P. Van

Zuylen, secrétaire de deuxième classe et Mme Van Zuylen ; E. Bastin, consul-chancelier, et Mme E. Bastin ; l'abbé Bert, président de l'œuvre des Flamands ; le préfet de la Seine et le préfet de police, MM. Huart, secrétaire général du ministère de l'intérieur; Bellan, président, et les membres du bureau du Conseil municipal ; Galli, président et les membres du bureau du Conseil général ; Legrain, sous-directeur; Tisserand, conseiller, et Tony Reymond, secrétaire général du réseau de l'Etat ; les fonctionnaires du protocole, MM. Dumonthier, Touny, etc., etc.

Le grand chancelier de la Légion d'honneur, le Général Davignon ; le contre-amiral Bachure ; le colonel de Cornulier-Lucinière ; Lieutenant-Colonel Bast, le baron Guillaume, ministre de Belgique ; M. Beau, ministre de France en Belgique ; M. de Fouquière sous-chef du Protocole ; M. Pierron, ingénieur en chef de la compagnie du Nord ; Laforcade, commissaire spécial, chargé de veiller à la sécurité du roi et de la reine.

Le train royal est entré en gare.

Aussitôt la musique de la Garde Républicaine, joue l'hymne national Belge, que scandent les salves de canon. Debout, à la portière du wagon-salon, apparaît le roi Albert Ier revêtu du brillant uniforme de Lieutenant Général portant en sautoir l'Ordre de la Légion d'Honneur et la plaque de Léopold.

Après les présentations, le cortège se forme et se dirige vers le Palais-Royal du Quai d'Orsay, au milieu des ovations de la foule.

Le roi Albert, qu'accompagne M. Fallières, monte dans la première Daumont.

Dans la seconde prennent place S.M. la Reine, Mme Fallières et le Général Davignon. Les autres Daumonts suivent avec : *La Comtesse Ghislaine* de Caramon-Chimay, le baron Guillaume, MM. Beau et Ramondou.

Le comte J. de Mérode, M. Briand, le contre amiral Bachme et le commandant Guise, le Lieutenant Général Jungbluth, M. Pichon, ministre des Affaires Étrangères, le colonel de Cornulier-Lucinière, le baron Béyens, le baron de Woelmont, le colonel Baud, M. Marc-Varenne, le commandant du Roy de Blicgny, baron Bußn, etc, etc. Le cortège s'engage dans l'Avenue du Bois de Boulogne, où ont pris position les 5e, 28e et 24e, régiments d'Infanterie, le 11e Cuirassiers, le 1er et le 5e Génie.

Sur la place de l'Étoile les honneurs sont rendus par le 12e et le 13e régiment d'Artillerie; dans l'avenue des Champs-Élysées, la haie est formée par les Sapeurs-Pompiers, le 26e bataillon de Chasseurs à pied, des détachements du 4e et du 1er Zouaves, le 5e bataillon d'Artillerie de forteresse, le 120e et 128e d'Infanterie. Sur la place de la Concorde se trouvent le 23e Dragons, le 33e d'Artillerie et le 11e Cuirassiers. Sur le pont de la Concorde et le quai d'Orsay est massé le 103e d'Infanterie. Le cortège royal arrive au Palais des Affaires Étrangères à 4 heures 45. Le drapeau national belge est hissé sur le Palais.

Le Roi et la Reine descendent des voitures et sont conduits dans leurs appartements par M. et Mme Fallières. C'est au ministère des Affaires Étrangères que seront logés les augustes hôtes de la République pendant leur séjour dans la capitale.

Les appartements privés ont été ornés de souvenirs qui plairont au roi Albert Ier arrière petit-fils, du roi Louis-Philippe. Dans la chambre à coucher on a placé des vases de Sèvres, ornés de Médaillons représentant Louis-Philippe, le duc d'Orléans et la princesse Louise-Marie d'Orléans, grand'mère du souverain. Une table à toilette provenant des Tuileries et ayant appartenu à la princesse avant qu'elle fut reine de Belgique; les murs de la chambre sont ornés de très belles tapisseries des Gobelins et des œuvres de G. Moreau, Stevens, Gustave Doré, Frédéric. Pour la souveraine un boudoir en Beauvais Empire.

Dans le salon des Ambassadeurs, les attendaient les membres de la légation de Belgique et Mme Pichon.

A six heures, les Souverains ont reçu, au ministère des Affaires Etrangères, les membres du corps diplomatique accrédités près le gouvernement de la République Française, qui leur ont été présentés par l'éminent et sympathique Marquis del Muni, ambassadeur d'Espagne.

A huit heures a eu lieu, à l'Elysée, le grand dîner offert en leur honneur.

Le roi était en tenue de Généralissisme de l'armée belge, avec, sur la poitrine, le grand cordon de la Légion d'Honneur.

La très gracieuse et jolie reine portait une exquise toilette de soie mauve avec applications de dentelles. Un magnifique diadème en brillants était posé sur ses cheveux.

Dressée dans la grande salle des Fêtes, la table en forme de fer à cheval, s'étendait sur toute la longueur de cette salle dont les murs disparaissaient sous les tapisseries des Gobelins.

Le roi et le président de la République se sont assis côte à côte.

La reine, qui était à la droite du président, avait à sa droite M. Antonin Dubost, président du Sénat ; Mme Emile Loubet, et M. Briand, président du conseil.

Mme Fallières, qui était à la gauche du roi, avait à sa gauche M. Henri Brisson, président de la Chambre des députés ; Mme Antonin Dubost et M. Emile Loubet.

Assistaient en outre, au dîner :

Les membres de la suite de Leurs Majestés, le personnel de la légation de Belgique, les membres du bureau du Sénat, les membres du bureau de la Chambre des députés, les ministres et sous-secrétaires d'Etat, les anciens présidents du conseil et ministres des affaires étrangères, les hauts fonctionnaires de l'Etat, etc., etc.

Le président de la République avait sur l'habit noir le grand cordon de l'ordre de Léopold.

LES TOASTS

Au dessert, le président de la République a prononcé le toast suivant :

Sire,

En exprimant à Votre Majesté et à Sa Majesté la reine tout le plaisir que j'éprouve à les saluer ce soir au nom de la France et du gouvernement de la République, je suis sûr de traduire fidèlement les sentiments du peuple français tout entier à l'égard du peuple belge et de ses nouveaux souverains.

Ces sentiments, dont la source remonte à d'inoubliables souvenirs historiques, se sont développés depuis trois quarts de siècle entre les deux pays. Votre Majesté me permettra d'attribuer au roi Léopold II, qui fut un sincère ami de la France, une part très large dans le mouvement d'union toujours plus intime entre deux nations que la nature même a voulu rapprocher, et de me féliciter de voir ce mouvement s'étendre sur la terre d'Afrique entre vos grandes possessions et les nôtres.

L'activité croissante des échanges littéraires et commerciaux entre la Belgique et la France, une pénétration de plus en plus grande des entreprises industrielles et financières, d'étroites affinités intellectuelles, un culte commun du progrès et de la liberté, tout tend à resserrer les liens qui nous unissent; je suis certain que Votre Majesté n'a pas moins que nous-mêmes et que ses augustes devanciers, particulièrement à cœur d'encourager d'aussi heureuses dispositions. Vos Majestés ont pu se rendre compte, par l'accueil qui leur a été fait, de la vive sympathie avec laquelle la France a accueilli les débuts d'un règne qui s'ouvre sous les brillants auspices de la grande fête du travail à laquelle la ville de Bruxelles a convié le monde entier.

C'est avec un empressement dont le gouvernement de la République s'est vivement réjoui que nos représentants les plus autorisés de l'industrie, du commerce, de la science et des arts ont tenu à concourir à l'éclat de cette manifestation du génie humain dont s'enorgueillit à juste titre votre belle capitale.

La France sait avec quelle noble et scrupuleuse conscience de ses devoirs de souverain, avec quelle haute compréhension de la vie moderne Votre Majesté guide la Belgique dans les voies qu'elle s'est tracées ; elle n'ignore pas non plus le rôle éminemment bien-

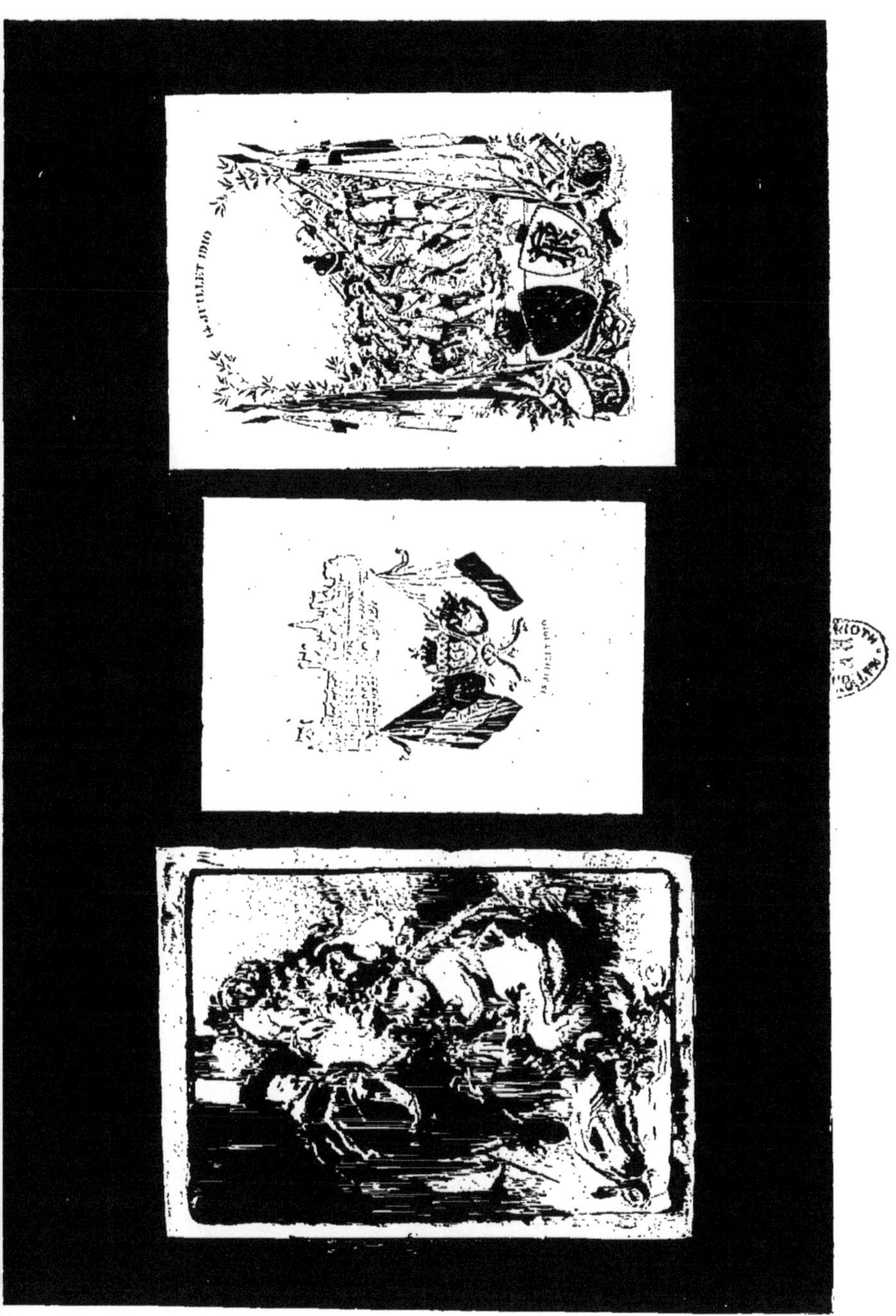

faisant de Sa Majesté la reine Elisabeth, qui ajoute au prestige d'une couronne qu'elle porte avec tant de grâce le rayonnement d'une bonté éclairée et agissante dont elle a trouvé, dans un précieux héritage de famille, un des plus nobles exemples.

Je lève mon verre en l'honneur de Leurs Majestés le roi et la reine des Belges, je bois à leur bonheur et à la prospérité de la Belgique.

Le Roi Albert a répondu :

Les gracieuses paroles de bienvenue que vous venez de nous adresser, monsieur le Président, les sentiments amicaux dont vous avez bien voulu nous donner l'assurance nous touchent profondément, la reine et moi, et augmentent encore la gratitude que nous laissera une réception aussi cordiale.

Nous sommes d'autant plus heureux de rendre visite au premier magistrat de la République que notre présence dans l'incomparable capitale de la France nous procure l'occasion désirée d'apporter à la nation française, dès le début de notre règne, un nouveau témoignage de l'inaltérable amitié du peuple Belge.

Cette amitié a de lointaines origines. Il est, en effet, un souvenir qui reste toujours vivant en notre pays : celui de l'appui décisif que la France lui a prêté dans les premiers temps de son existence indépendante.

La reconnaissance que nous en conservons s'est accrue et fortifiée de toutes les preuves d'amitié que, depuis cette époque, votre grande nation s'est plu à nous donner. Aujourd'hui encore, dans cette fête de l'industrie, de l'art et de la science qu'offre à ses visiteurs l'Exposition de Bruxelles, votre gouvernement a voulu par une participation merveilleuse où brillent toutes les manifestations du génie français, affirmer l'affectueux intérêt qu'il porte à la Belgique et l'estime dans laquelle il tient sa voisine pacifique et laborieuse.

L'amitié de la France s'est même étendue à la nouvelle Belgique africaine, limitrophe également de ses possessions. Le peuple belge se réjouit des rapports dé bon voisinage qu'il retrouve sous les tropiques, comme aussi de la sympathie qu'a rencontrée ici l'annexion du Congo.

Les progrès remarquables réalisés par vos administrations coloniales seront pour lui un stimulant et un exemple. J'en puis parler en connaissance de cause, car lors de ma visite à Brazzaville et à Dakar, où j'ai reçu, l'an dernier, l'accueil le plus aimable, j'ai eu l'occasion d'admirer l'œuvre civilisatrice accomplie par des fonctionnaires éminents.

Le peuple belge a d'autres motifs encore d'aimer son puissant voisin du sud. Les relations les plus étroites n'ont jamais cessé d'exister entre eux, et chaque jour semble en créer de nouvelles.

A côté des échanges commerciaux, dont les statistiques nous montrent la constante progression, ils ont des échanges continuels d'idées ; à côté du trafic matériel, ils ont, comme traits d'union, des affinités d'un ordre supérieur.

Le rayonnement littéraire et artistique de la France, son culte passionné pour le progrès dans toutes les branches de l'activité humaine, ont agi plus puissamment que les intérêts économiques pour rapprocher nos deux pays, et un véritable commerce intellectuel nous attire vers la généreuse nation dont l'influence féconde s'est fait sentir depuis des siècles sur l'humanité entière.

Nos penseurs, nos artistes, nos écrivains de langue française, si attachés qu'ils soient au caractère de leur race, n'ignorent pas ce qu'ils doivent à la France, à la clarté de son génie, à la perfection de son goût, à ce souci d'art qui embellit chacune de ses productions.

Je suis persuadé d'être l'interprète de mes compatriotes en exprimant le vœu que les relations entre les deux peuples se développent de plus en plus sous mon règne, et restent toujours empreintes de la même confiance et de la même cordialité.

Je m'y emploierai de mon mieux, comme le faisait mon prédécesseur, si sensible au charme de ce beau pays, si rempli d'admiration pour les splendeurs de sa capitale et de sympathie pour ses habitants.

C'est en rappelant ces sentiments bien connus de Léopold II, sentiments qui sont également les miens, que je lève mon verre en l'honneur du Président de la République et le prie de me permettre d'associer le nom de Mme Fallières aux souhaits chaleureux que je forme pour son bonheur, ainsi que pour la prospérité de la France.

La musique de la Garde républicaine a alors joué la *Marseillaise*.

Une partie artistique, au cours de laquelle se sont fait entendre des artistes des théâtres nationaux, a lieu ensuite.

La soirée a pris fin à minuit et demi. Les souverains ont quitté l'Elysée avec le même cérémonial qu'à l'arrivée.

Ils étaient de retour au Palais des Affaires Etrangères dix minutes plus tard.

Le roi a tenu, en arrivant au Palais d'Orsay, à se faire présenter les deux commandants de l'escorte du régiment de cuirassiers qui accompagnaient la voiture de gala.

*
* *

Après la réception de LL. MM. le roi et la reine des Belges, les présidents du conseil Municipal et du conseil Général et la Seine, entourés des membres du bureau se sont rendus à la gare du Nord pour recevoir, à 5 h. le bourgmestre et les échevins de Bruxelles qui viennent à Paris, pour passer quelques jours.

M. Bellan leur a souhaité la bienvenue, il a ajouté que leur visite annonçait l'aurore de relations extrèmement intimes et cordiales entre les trois villes de Bruxelles, d'Anvers et de Paris.

M. Max, bourgmestre de Bruxelles, a répondu au président du Conseil municipal en ces termes :

Monsieur le Président,

Je vous remercie des paroles de bienvenue. Nous avons été très touchés, mes collègues et moi, de la délicate attention que vous avez eue de recevoir les représentants de la ville de Bruxelles et de sa sœur anversoise au moment même où la présence de nos souverains à Paris est de nature à fortifier les relations cordiales qui existent entre votre pays et le nôtre.

Nous sommes heureux de trouver ici l'occasion de vous dire avec quelle joie nous vous recevrons à Bruxelles et à Anvers comme nous sommes reçus ici. (*Applaudissements prolongés.*)

*
* *

M. Max, bourgmestre de Bruxelles, et M. Devos, bourgmestre d'Anvers, ont été nommés commandeurs de la Légion d'honneur.

Les échevins Grimard et Steens, de Bruxelles, et MM. Desguin et Aelberck, échevins d'Anvers, ont été nommés officiers de la Légion d'honneur.

DEUXIÈME JOURNÉE
—— 13 juillet ——

Les souverains ont visité Versailles. A 9 heures, M. et Mme Fallières ont été les prendre au Palais des Affaires Etrangères. Le président de la République donnait le bras à la reine, habillée en blanc et coiffée d'un chapeau de tulle blanc, portant un bouquet d'orchidées au corsage, précédé par M. Molard et le comte Jean de Mérode. Venaient ensuite le roi en redingote, portant à la boutonnière la rosette de la Légion d'Honneur, Madame Fallières et les membres de la suite.

La gare des Invalides où a lieu le départ est très bien décorée. A leur arrivée à 10 h.45 en gare de Versailles, qui, elle aussi, a été décorée avec un goût parfait.

Les souverains, le Président et Madame Fallières ont été salués à leur descente du train par le sympathique préfet de Seine et Oise M. Autrand. M. Baillet-Reviron, maire de Versailles, M. Berteaux, Député de Seine-et-Oise et par les autorités civiles et militaires.

Un éloquent discours de bienvenue est prononcé par M. Autrand, qui remet à la reine et à Mme Fallières de superbes gerbes de fleurs. Puis les visiteurs et les membres de la suite montent en voiture pour se rendre au Petit Trianon par l'Avenue Thiers, l'Avenue de Paris, l'Avenue Hoche, la rue de la Paroisse et le boulevard de la Reine. Le cortège est précédé de piqueurs et escorté d'un régiment de Dragons.

Les Versaillais acclament vigoureusement les Souverains Belges. Le roi et la reine répondent par des sourires et saluent très gracieusement la foule.

Un regrettable incident s'est produit M. Dujardin-Beaumetz, l'éminent Sous-Secrétaire d'État aux Beaux-

Arts; venu à Paris avec les souverains, avait dû aller se faire penser les mains chez un pharmacien.

Le Sous-Secrétaire d'État en descendant du train, s'était laissé prendre les doigts dans une portière et la blessure nécessita des soins et ne put accompagner immédiatement les souverains; ce fut le très érudit M. de Nolhac qui guida les Augustes visiteurs.

Du parc de Trianon, le cortège, après être remonté en voiture, pénètre dans le parc de Versailles, fait le tour du bassin de Neptune d'où jaillissent à leur arrivée les grandes eaux, passe de là au bosquet des bains d'Apollon, puis à celui des Dômes; après les Dômes, on visite la colonnade et divers bosquets dont s'égayent, sur tant de points, les charmilles.

A ce moment, le dirigeable *Liberté* évolue au-dessus du parc, à une hauteur de 150 mètres environ.

Le cortège arrive par le parterre d'eau devant le château.

M. Dujardin-Beaumetz qui, malgré la douleur que lui cause sa blessure, a tenu à rejoindre le cortège, reçoit nos hôtes sur le perron. Le roi et la reine lui demandent avec amabilité de ses nouvelles.

M. Dujardin-Beaumetz s'empresse de les rassurer et la visite des salles commence. Le sous-secrétaire d'Etat signale spécialement aux souverains les portraits des filles de Louis XV par Nattier, de Louis XVI, par Duplessis, de Marie-Antoinette, par Mme Vigée Le Brun, et de Mesdames tantes par Mme Labille-Guiard.

Arrivés au grand escalier du musée, sur lequel les gardiens, en grand uniforme, font la haie, les souverains le gravissent. On les conduit aux grands appartements de Louis XV, que le Mobilier national a transformés pour eux en salons de repos. La chambre de Louis XV est affectée à la reine, le cabinet du roi au roi Albert. De leur côté, M. et Mme Fallières se retirent dans l'appartement de Mme de Maintenon.

Le repos n'est pas de longue durée, A midi, le président de la République vient chercher le roi et la reine et les conduit dans la galerie des Batailles, divisée en deux parties, la première servant de salon-fumoir; dans la seconde est dressée une table de cinquante couverts.

Avant d'y pénétrer, les souverains passent devant les portraits du premier roi des Belges et de la reine sa femme, fille de Louis-Philippe, par Winterhalter, que le conservateur du château a tirés des salles du musée pour les placer sous les yeux de leurs descendants.

Au déjeuner assistaient, outre les personnes de la suite des souverains, le ministre des Affaires étrangères et Mme Pichon, M. Doumergue, ministre de l'instruction publique et des beaux-arts, M. Dujardin-Beaumetz, sous-secrétaire d'Etat aux beaux-arts; les sénateurs et députés du département de Seine-et-Oise, le baron Guillaume, ministre de Belgique à Paris; Beau, ministre de la République française à Bruxelles; le préfet de Seine-et-Oise et Mme Autrand, M. Baillet-Reviron, maire de Versailles; le général Rougier, MM. de Nolhac, Lambert, Monnet et Hennion, directeur de la Sûreté générale.

La reine portait une toilette blanche recouverte d'un grand manteau de tulle noir. Mme Fallières portait une toilette gris perle.

Le roi était en redingote et portait la rosette d'officier de la Légion d'Honneur. Le président de la République était également en redingote; il portait la rosette de l'ordre de Léopold.

Le menu du déjeuner était le suivant :

Melons frappés au kirsch
Filets de soles à la Cléopâtre
Cœur de filet de bœuf à la flamande
Médaillons de riz de veau à l'infante
Canetons nantais Bigarrade
Truffes glaçées au champagne
Salade Yvette
Petits pois à la Française
Glace Trianon

Pendant le déjeuner, la musique du 1er régiment du génie a fait entendre les morceaux suivants :

Marche solennelle (Grieg) ; *Egmont*, ouverture (Beethoven) ; *Scènes pittoresques* (air de ballet) (Massenet) ; Sélection sur *Patrie* (Paladhile) ; *Philémon et Baucis* ; (A. Pastorale ; B. chœur ; C. Danses des Bacchantes) (Gounod) ; *Samson et Dalila* (Saint-Saëns) ; *Roméo et Juliette* (scène du bal) (Berlioz).

Après ce déjeuner, nos hôtes ont visité rapidement le château. Sous la conduite de M. de Nolhac, ils ont traversé les grands appartements de la reine, la galerie des glaces, la chambre de Louis XIV, les grands appartements du roi nouvellement tendus de tapisseries, le salon d'Hercule et la chapelle.

Le roi et la reine ont ensuite visité la salle des peintures militaires consacrées aux campagnes d'Algérie. De nombreux portraits historiques rappellent au roi Albert des souvenirs de famille. C'est ainsi que les souverains s'arrêtent plus longuement devant l'*Attaque de la citadelle d'Anvers* du 22 décembre 1832, peint par Horace Vernet, qui représente le moment où le maréchal Gérard explique au duc d'Orléans et au duc de Nemours l'ordre de l'attaque sur un plan déroulé sur une table formée de tambours ; puis devant le *Combat de Habrah*, où se trouve le portrait du duc d'Orléans et le *Siège de Constantine* où figure le portrait du duc de Nemours.

Il est près de trois heures quand les souverains quittent le palais. Le cortège se reforme et se dirige immédiatement vers la gare pour rentrer à Paris.

Après avoir accompagné le roi et la reine au palais du quai d'Orsay, le président de la République et Mme Fallières ont regagné l'Elysée.

Le roi Albert, de son côté, ressortait du palais des Affaires étrangères pour aller visiter le Petit Palais, dont le conservateur, M. Henry Lapauze, lui a fait les honneurs.

La visite du Petit Palais a pris fin à six heures. Le conservateur a remis au souverain, avant son départ, uu ouvrage orné de photographies ayant trait à la construction du Petit Palais.

S. M. Albert Ier était de retour aux Affaires Etrangères à 6 h. 10.

A 7 h. 20, le roi et la reine des Belges et leur suite ont pris place dans des landaus et escortés d'un escadron de cuirassiers se sont rendus à l'hôtel de la légation de Belgique.

S. M. avait revêtu la grande tenue de général; la reine portait une très jolie toilette de soirée. Quelques instants après S. E. le Président de la République et Mme Fallières. accompagnés de M. Ramondou, secrétaire général de la Présidence arrivaient sous escorte, à la légation.

Le dîner a eu lieu dans le grand salon de l'hôtel de la légation — il comprenait 65 couverts.

La salle à manger avait été luxueusement décorée et des plantes rares, des fleurs aux couleurs éclatantes ornaient les diverses salles de l'hôtel. Parmi les convives qui se trouvaient aux côtés des souverains et de M. et Mme Fallières, on remarquait la présence de M. Briand, président du conseil, des ministres et sous-secrétaires d'Etat, à l'exception de MM. Ruau et Boulé, de Lapeyrère, absents de Paris, MM. Galli, président du Conseil général, Bellan, président du Conseil municipal, le général Dalstein, gouverneur de Paris, Ribot, sénateur, Deschanel, député, ancien président de la Chambre des députés, Mollard, directeur du protocole, de nombreux artistes ou littérateurs, MM. de Nolhac, conservateur du musée de Versailles, le peintre Gabriel Vauters, Besnard, Gervex, Saint-Saëns, Rodin, Homolle, de l'Institut, comte d'Haussonville, Jean Richepin, Paul Hervieu, de l'Académie fran-

çaise, **MM.** Max bourgmestre de Bruxelles, Steens et Grimard, échevins, le baron Guillaume, ministre de Belgique à Paris, M. Van Yperselle de Strihou, conseiller, et les membres de la légation, M. Lépine, préfet de police, etc.

Le menu était ainsi composé :

Crème hermine
Consommé printanier royal
Truites saumonées glacées sauce française
Selles de pré-salé Maintenon
Blancs de volaille aux truffes
Granités à la cerise
Mousses au Rivesaltes
Canetons de Duclair rôtis à l'orange
Suprême de foie gras au champagne
Salade mimosa
Petit pois au beurre d'Isigny
Glace brabançonne
Dessert

Le dîner, qui s'est prolongé jusqu'à neuf heures a été très animé.

A neuf heures 1/4 le Président de la République et le roi Albert prenaient place dans un landeau ; dans la deuxième voiture prenaient place la reine, Mme Fallières et le général Davignon, et dans les autres voitures les membres de la suite.

Escortés par un régiment de cuirassiers, ils gagnaient l'Opéra où ils arrivaient à 9 h. 30.

Reçus par M. le Ministre de l'Instruction Publique, MM. Messager et Broussan, qui les ont conduits, avec le cérémonial d'usage à la loge royale ornée de tapisseries des Gobelins et parée de roses caladiennes et d'orchidées par Chénier.

Lorsque le cortège gravissait les marches du grand escalier, sur lequel les gardes de Paris formaient la haie d'honneur, l'excellente musique du 24° régiment d'Infanterie a joué la *Brabançonne*, puis la *Marseillaise*.

L'orchestre a rejoué ces deux hymnes lorsque LL. MM. ont pénétré dans leur loge.

Tous les spectateurs debout, ont respectueusement salué les Souverains.

Le roi et la reine occupaient le milieu de la loge entre M. et Mme Fallières.

S. M. avait revêtu la tenue de généralissime de l'armée belge et portait en écharpe le grand cordon de la Légion d'honneur.

La reine, en toilette de satin blanc, avait une splendide parure au corsage et un magnifique diadème en diamants, un collier à plusieurs rangs de perles et à la ceinture une gerbe d'orchidées.

La salle était élégamment enguirlandée. Un joli programme gravé par le célèbre graveur Stern d'après Eisen, a été offert à leurs Majestés et aux invités.

On a d'abord applaudi, dans le deuxième acte d'*Armide*, Mmes Litvinne, Berthe Mendès, Laute-Brun, Campredon, MM. Altchewsky, Noté et Gonguet ; puis dans le quatrième acte d'*Henry VIII*, Mmes Grandjean, Lapeyrette, Durand-Servières, MM. Renaud et Dubois ; enfin dans le troisième acte de *Thaïs*, Mmes Campredon, Laute-Brun, Durif, M. Dubois, et surtout la divine Zambelli qu'entouraient pour le ballet, Mlles Pierron et Sirède, et Mlles Couat, Barbier, Mennier, Johnsson, Cochin, Schwarzt Marie, Dockès, Guillemin, Bremont, Lequien. L'orchestre a été magistralement conduit par MM. Rabaud pour *Thaïs*, Paul Vidal pour *Henri VIII* et Busser pour *Armide*.

Pendant les entr'actes les souverains se sont fait présenter un certain nombre de hautes personnalités invitées à la soirée. Après *Armide* le Roi a fait appeler son compatriote le baryton Noté, qui venait de chanter magnifiquement le rôle d'Hidraot, et lui a dit qu'il était heureux qu'il appartienne à l'incomparable troupe de l'Opéra.

Pendant un entr'acte, les Souverains ont également

reçu MM. Messager et Broussan, à qui S. M. Albert Ier
par une délicate attention venait de faire remettre aux
sympathiques et éminents directeurs de l'académie Nationale de musique les insignes de commandeur de l'Ordre
de Léopold. L.L. MM. les ont félicités en termes des
plus flatteurs, les chargeant de transmettre leurs compliments à tous les artistes ainsi qu'à l'orchestre.

L. L. MM. ont assisté jusqu'à la fin de la représentation et ont été reconduits avec le même cérémonial
qu'à l'arrivée.

Distinctions accordées le 13 juillet

Le roi des Belges a fait remettre le grand-cordon de
l'ordre de Léopold au général Brun, ministre de le
guerre ; au général Dalstein, gouverneur militaire de
Paris, et aux présidents du Sénat et de la Chambre.

Le général Davignon, attaché à la personne du roi.
est nommé grand-cordon de l'ordre de la Couronne,
ainsi que M. Mollard, chef du protocole.

Le contre-amiral Baehme a reçu la plaque de grand-
officier de la Couronne, et le capitaine Dupuy, attaché
militaire à la légation de France à Bruxelles, les insignes d'officier du même ordre.

MM. de Fouquières et Touchement, attachés à la
maison du président de la République, ont reçu la plaque de grand-officier de l'ordre de Léopold II.

D'autre part, le président de la République a fait
remettre au comte Jean de Mérode, grand-maréchal de
la cour, au lieutenant-général Jungbluth, chef de la
maison du roi, au baron Beyens, ministre de la maison du roi, au baron de Bœlmont, grand-maître de
la maison de la reine, la plaque de grand-officier de la
Légion d'honneur.

Le commandant du Roy de Bliegny reçoit la croix

d'officier de la Légion d'honneur, et le lieutenant Cattoire est nommé chevalier du même ordre.

Le président de la République a en outre nommé M. Bastin, consul de Belgique à Paris, et M. de Ridder, officiers de la Légion d'honneur.

TROISIÈME JOURNÉE

—— 14 juillet ——

La revue de Longchamp a été favorisée par un temps splendide. La gracieuse souveraine, et son auguste époux ont salué nos étendards d'une façon émue, qui a profondément touché le peuple français.

Le président de la République a quitté l'Elysée vers huit heures un quart et s'est rendu au Ministère des Affaires Étrangères pour chercher les souverains belges.

La daumont de grande cérémonie, magnifiquement attelée, était précédée du piqueur Troude, en costume de gala.

Dans d'autres voitures prennent place le général Davignon et les membres de la mission française mise à la disposition des souverains, ainsi que les personnalités de leur suite.

Un escadron de cuirassiers encadre le cortège, qui se dirige vers Longchamp au milieu de nombreuses acclamations, par l'avenue des Champs-Elysées et l'avenue des Acacias.

A neuf heures, le canon tonne, le drapeau tricolore est hissé sur la tribune présidentielle : la revue commence.

Le Président de la République et les souverains belges passent devant le front des troupes.

Le ministre et le gouverneur militaire galopent aux côtés de la daumont, pendant que les régiments portent l'arme sur l'épaule et que les musiques jouent la *Marseillaise* et la *Brabançonne*.

La daumont présidentielle, ayant passé entre les trois lignes de troupes, revient s'arrêter en face de la tribune présidentielle. Le Président met pied à terre ; suivi du Ministre de la Guerre et du Gouverneur militaire de Paris, il s'avance vers le groupe des officiers décorés à l'occasion de la fête nationale. Au-dessus de ce groupe flottent plusieurs drapeaux, décorés déjà de la Légion d'honneur, et deux qui ne le sont pas encore mais qui vont l'être : ceux du 1er régiment d'infanterie coloniale et du 1er régiment d'artillerie coloniale.

M. Fallières attache à leur hampe la croix de la Légion d'honneur et prononce l'allocution suivante :

En décernant la croix de la Légion d'honneur au drapeau du 1er régiment d'infanterie et à l'étendard du 1er régiment d'artillerie coloniales, le gouvernement de la République, fidèle interprète du sentiment unanime du pays, donne à l'armée coloniale toute entière une marque éclatante de justice et de reconnaissance.

Depuis les temps les plus reculés jusqu'à nos jours, sur tous les points du globe, ainsi que sur le territoire envahi, l'héroïsme des troupes coloniales a fourni des pages impérissables à notre glorieuse histoire militaire.

Que les nobles insignes, que je suis fier de confier à la garde de deux de leurs régiments, soient pour tous comme le gage des vertus séculaires qui font la force de nos armes et sont l'orgueil de la nation.

Les cris de : « Vive l'armée ! Vivent les marsouins ! » éclatent de toutes parts, et pendant plusieurs minutes c'est une ovation indescriptible.

M. Armand Fallières remet ensuite la plaque de grand-officier aux généraux Michel, Davignon, Trémeau, Jourdy, Ménestrel et de Trentinian ; les cravates de commandeur à quelques généraux et colonels, et enfin des rosettes d'officiers aux membres de son état-major qui ont fait partie de la promotion d'hier.

Pendant ce temps il est procédé dans tous les corps à la remise des autres décorations : Légion d'honneur, médaille militaire et médaille du Maroc.

*
* *

Le président de la République va ensuite prendre place dans la tribune, où déjà sont assis le roi et la reine des Belges, MM. Dubost, Brisson, Briand et Pichon, ainsi que le ministre de Belgique à Paris.

Le défilé des troupes commence.

Le général Brun, ministre de la guerre, qui a été rejoindre la colonne, suivi de son état-major, des officiers étrangers, du gouverneur militaire de Paris, passe tout d'abord, salue de l'épée et va se placer face aux tribunes, à cent mètres de la barrière.

La musique de la garde républicaine, qui lui succède immédiatement, joue une marche entraînante, elle reste à côté du ministre pour faire défiler les Ecoles militaires.

Nos Polytechniciens et nos Saint-Cyriens sont vivement acclamés, comme d'habitude. Viennent ensuite — dire lesquels furent le plus applaudis serait difficile — la garde républicaine, les sapeurs-pompiers, le génie, avec bataillon d'aérostiers entraînant leur ballon captif, les zouaves, les chasseurs à pied, l'infanterie de ligne, les marsouins, et, en avant des 21ᵉ et 23ᵉ régiments, les dix drapeaux d'infanterie coloniale et les trois drapeaux d'artillerie coloniale, qui ont assisté à la décoration de deux des leurs, avec leurs colonels et les délégations de province.

Cette masse de drapeaux, portés par des officiers ayant la poitrine constellée de décorations, gardés par des soldats non moins médaillés, soulève un enthousiasme considérable. Viennent ensuite les marins, venus de Brest, longuement acclamés eux aussi.

Puis c'est l'artillerie qui, dès que le terrain est dégagé, s'avance au trot ; le train des équipages. Un instant de répit, et c'est la cavalerie qui passe au galop, exécute des conversions et va se masser en haut de l'hippodrome, sur la route de Sèvres, parallèlement aux tribunes.

Et soudain, cette masse s'élance en un galop vertigineux. C'est une trombe vivante qui va s'effondrer sur les tribunes... Non, à trente mètres des barrières, le flot humain s'arrête, tandis que les bravos, les acclamations deviennent du délire.

La revue terminée, M. Gabriel Parès, chef d'orchestre de la garde républicaine, monte sur une estrade ; toutes les musiques présentes sur le terrain se groupent autour de lui, et ce formidable orchestre attaque la *Brabançonne*, puis la *Marseillaise*.

Puis, tandis que la reine et Mme Fallières, puis le roi et M. Fallières, accompagnés de leurs suites, remontent en voiture, toutes les musiques jouent la marche de *Sambre-et-Meuse*. De toutes parts retentissent les cris de : « Vive l'armée ! » et lorsque le cortège s'ébranle, de : « Vive le roi ! Vive la reine ! »

A onze heures trente, les souverains étaient de retour aux Affaires étrangères, où M. et Mme Fallières ont pris congé d'eux pour regagner l'Élysée.

A l'issue de la revue de Lonchamp, le président de la République a adressé le télégramme suivant au ministre de la guerre :

Mon cher ministre, la brillante revue que viennent de passer avec moi les souverains respectés d'une puissance amie, aujourd'hui les hôtes de la France, fait grandement honneur aux troupes qui y ont pris part sous le commandement du gouvernement militaire de Paris.

Elles s'y sont montrées, comme toujours, dans un remarquable ensemble, pleines d'entrain, belles d'allure, fidèles à des traditions, dont s'enorgueillit, à juste titre, notre vaillante armée.

Je vous prie de leur transmettre, avec mes félicitations, celles du gouvernement de la République et de les assurer de nos vives sympathies et de notre absolue confiance.

Veuillez agréer, mon cher ministre, l'expression de mes plus affectueux sentiments.

A. Fallières.

Le ministre de la guerre a transmis dans les termes suivants, au gouvernement militaire de Paris, la lettre du président de la République :

Le ministre de la guerre à M. le gouverneur de Paris, membre du conseil supérieur de la guerre:

J'ai l'honneur de vous transmettre la lettre ci-jointe que M. le président de la République a bien voulu m'adresser après la revue de ce jour.

Les chaleureuses félicitations du chef de l'Etat, constituent pour les officiers et les soldats une récompense dont l'armée peut à bon droit être fière.

Vous voudrez bien porter cette lettre, par la voie de l'ordre, à la connaissance des troupes du gouvernement militaire de Paris, en y joignant mes félicitations personnelles. — Signé: Brun.

Le déjeuner de l'Elysée

Le roi et la reine se sont rendus à l'Elysée où on les attendait pour le grand déjeûner offert au Chefs de Corps.

Dans la grande salle des fêtes, était dressée la table que Chenier avait parée d'ensembles floraux formant les trois couleurs Nationales,

Le Roi a offert le bras à Mme Fallières, le président de la République à la Reine.

Les souverains ont pris place au centre de la table, le Roi ayant à sa gauche Mme Fallières et le Président ayant à sa droite la Reine.

Les autres convives étaient:

Le président du Sénat, le président de la Chambre des députés, le président du Conseil, les ministres et sous-secrétaires d'Etat, la suite de Leurs Majestés, les membres de la légation de Belgique, les attachés militaires d'Allemagne, du Brésil, d'Espagne, des Etats-Unis, du Japon, de la République Argentine, du Mexique, de Roumanie, de Russie, de Suède, de l'Uruguay et de Turquie, le grand chancelier de la Légion d'honneur, les officiers généraux et les chefs de corps de l'armée de Paris, parmi lesquels nous citerons:

MM. les généraux de division Gallieni, Burnez, Dalstein, Davignon, Mathis, Archinard, Michal, Percin, Mi-

chel, Pau, Durand, Joffre, Laffon de Ladébat, Feld-
mann, Bolgert, Silvestre, Chapel, Dubois, Berthaut,
Faurie ; les vice-amiraux Marquis, Germinet, Marin-
Darbel, le contre-amiral Bachme, les généraux de bri-
gade Herment, Police, Carbillet, Rougier, Desoile, Ta-
verna, Leture, Silvestre, Holender, Duteil, Barrau,
Vérand, Sauret, Kreitann, Martineau, Gérard, Leblois,
Verrier, Ebener, le médecin inspecteur Calmette.

Les colonels Ruault, Le Fournier, Boudonnet, Mes-
sager, Ecorsse, de Séréville, Montignault, Vayssière,
Arlabosse, Simonin, de Lagarenne, Aymericq, Gillot,
Chabaud, Hocquard, Girard, Vuilquin, Iraçabal, Chan-
taume, Cousin, de Cornullier-Lucinière, Furst, Grand-
Didier, Regnault, Jacquot, Ravenez, Deligny, Marquet,
Parreau, Hollander, Mongin, Chêne, Michard, Cauboue,
Totard, Waldemar-Vincent, Moussy, Weiss, Bernard,
Anselin, Hérisson, Boudier, Roques, Bouvier, Morel,
Klein, Lejaille, Hirschauer, Hanoteau, Cossard, Cor-
donnier, Jacquillat, le capitaine de vaisseau Laugier,
le capitaine de frégate André Fouë, les lieutenants-colonels
Détrie, Lasson, Vignal, Targe, Jouanne, Griache, Guise
et Brard ; les commandants Desvoyes, Coffec, Hellot,
etc., etc.

Le menu, élégamment présentée sous une belle aquarelle
de Maurice Leloir, évoquant l'armée française depuis le
seizième siècle jusqu'à nos jours était ainsi composé :

Melon frappé au Porto
Truites de rivière à la gelée de Champagne
Cœur de filet Masséna
Croustade de ris de veau à la Régence
Ortolans à la Lucullus
Granit à la mandarine
Punch au kirsch
Poulardes du Mans truffées
Parfait de foie gras au Marsala
Cœurs de romaine à la Française
Petits pois à la Parisienne
Fonds d'artichauts à la Barigoule

Bombe Molusko
Feuilleté
VINS

—

Porto doré
Chablis, Médoc, Champagne (en carafes)
Château-Yquem 1896
Château-Laffitte 1878
Chambertin 1870
G.-H. Mumm cordon rouge 1900

La musique de la garde républicaine s'est fait entendre pendant le repas. Au dessert, S. M. le roi des Belges a porté le toast suivant, qui a été écouté debout par tous les convives :

Monsieur le Président,

Je savais déjà que l'armée française est une école d'ardent patriotisme, de bravoure et d'abnégation, où bat et palpite le cœur de la nation.

Mais c'est la première fois aujourd'hui que j'ai pu admirer la tenue superbe des belles troupes qui ont défilé devant nous dans un ordre parfait.

Laissez-moi, Monsieur le Président, vous exprimer mes vifs remerciements pour m'avoir procuré, parmi les attractions si bien choisies de notre séjour à Paris, le plaisir de contempler ce spectacle impressionnant et inoubliable.

Je bois à la gloire de l'armée française et aux valeureux chefs qui la commandent.

Après ce toast, la musique a joué la *Marseillaise*.

Le président de la République, prenant à son tour la parole, a porté le toast suivant qui a également été écouté debout par tous les convives :

Sire,

Les troupes du gouvernement militaire de Paris n'oublieront pas l'honneur que vous leur avez fait en les passant en revue avec S. M. la Reine. Elles seront justement fières des éloges que vous voulez bien leur adresser, et l'armée toute entière se montrera reconnaissante du toast que vous venez de lui porter. Je vous remercie pour elle de cette marque de haute sympathie, et je suis sûr d'aller droit à son cœur en levant mon verre aux brillantes et solides qualités de la vaillante armée belge.

La musique a joué *la Brabançonne*.

On a passé ensuite dans les salons où le café a été servi.

Sur la demande du Roi, le général Brun a présenté individuellement à Sa Majesté les membres du Conseil supérieur de la guerre, les généraux Florentin, Dalstein, ainsi que la plupart des chefs de corps qui commandaient les troupes à la revue.

Les Souverains sont rentrés au Palais-Royal vers les 3 heures et ont consacré leur après-midi à la colonie Belge — dont la réception des membres de la Colonie a eu lieu à la Légation de Belgique.

Les Souverains se tenaient dans le salon ouvert sur le jardin de la Légation.

Le Roi était en redingote. La Reine portait une toilette tout en dentelle blanche et un grand chapeau de satin blanc garni d'une aigrette.

Le baron Guillaume, ministre de Belgique, secondé par le personnel de la légation et du consulat, a fait les présentations à Leurs Majestés.

C'est la Chambre de commerce qui a d'abord été reçue. Elle avait à sa tête son président, M. E. Allard, et était représentée par ses trois vice-présidents, MM. Ad. Greiner, H. A. Rau, A. Wolfers, par MM. Pitot, secrétaire général ; J. Collard, secrétaire ; E. Bruckner, trésorier ; Ch. Heine, L. Lafontaine et René Nagelmackers, administrateurs.

A une respectueuse et très éloquente allocution de M. Allard, le Roi a répondu pour assurer la Chambre de commerce belge de Paris, qui rend de si grands services aux relations entre les deux pays, de tout l'intérêt qu'il porte à ses travaux et de tout l'appui que méritent ses efforts.

Une délégation de la « Wallonne » composée de MM. Ernest Reumont, Emile et Lucien Hardy, A. Deschamps, F. Leclerc, Poncin, Calixte, Jacques, Georges Bâlon, le docteur Lennertz et Jules Lepage, a été présentée ensuite à Leurs Majestés, qui ont reçu aussi le docteur Collet, président de l'Union belge, MM. H. Langerock, secrétaire ; L. Segers, trésorier ; H. Vandewalle, secrétaire adjoint ; L. Vandendries, trésorier adjoint ; Monard, Verger, Schmidt, Petit et Hustin, membres de cette Société, qui est une des plus importantes sociétés étrangères de Paris, et enfin MM. les abbés Bert, directeur ; Debbandt et Delcoigne, aumôniers de l'Œuvre des Flamands ; MM. Stevens, président du Cercle ouvrier ; Willems, vice-président ; Redig, Goemans, Parmentier, Van den Steen, Cruyen.

Tour à tour, le docteur Collet, MM. Ernest Reumont et l'abbé Bert, après avoir, comme la Chambre de commerce, offert leurs hommages aux souverains, ont, en termes précis et particulièrement heureux, exposé le but et le fonctionnement des sociétés et œuvres qu'ils président. Le Roi les a remerciés en leur exprimant, au nom de la Reine et en son nom, les sympathies les plus vives.

Les souverains se sont entretenus individuellement avec les délégués, ayant pour chacun d'eux un mot aimable.

Le roi et la reine des Belges ont reçu ensuite le prince et la princesse de Croy-Solre, le prince et la princesse Pierre de Caraman-Chimay, la princesse Alexandre de Caraman-Chimay, la comtesse Greffulhe, Mme de Tinan, née de Caraman-Chimay, le prince et la princesse Borghèse, le baron Edouard de Rotschild, MM. Coppens de Fontenay, Charlier, Nicolas de Hurtado, le docteur Landolt, le peintre Wauters, le statuaire Van der Straeten, Mmes T'Kint, née Orban de Xivry, de Mousseau, baronne de La Rousselière, Mme Le Ghait, MM. Cartier de Marchienne, ministre de Belgique à Pékin ; Crombez, puis MM. Decrais, ambassadeur de France, chef de la mission qui fut déléguée récemment à Bruxelles ; le comte d'Ormesson, ancien ministre de France à Bruxelles, etc., etc.

Les Souverains ont aussi accordé une audience aux journalistes belges.

Le Roi est rentré sans escorte au Palais-Royal vers 7 heures 5.

Le soir, à 8 heures, M. et Mme Pichon ont offert en l'honneur de LL. MM. un grand diner auquel ont assisté le Président de la République et Mme Fallières.

La table dressée dans le grand salon des Tapisseries du rez-de-chaussée des affaires étrangères, était parée d'orchidées et de roses par le fleuriste Chénier.

Au nombre des convives :

Les personnes des suites belge et française des souverains, le ministre et les membres de la légation de Belgique, le président du Sénat et Mme Antonin Dubost, MM. Brisson, Briand et les membres du gouvernement, Mmes Jean Dupuy, Viviani, Sarraut et Chéron, M. et Mme de Selves, le général et Mme Florentin, le général Dalstein, M. et Mme Bellan, MM. Galli, les bourgmestres Max et Jean de Vos, les échevins Grimard, Steens, Desguin, Albrecht, des municipalités de Bruxelles et d'Anvers ;

MM. Étienne et Berteaux, vice-présidents de la Chambre ; Decrais, Millaud, Labbé, Ph. Berger, Raymond Poincaré, sénateurs; les députés François Carnot et Mme Carnot, Paul Deschanel et Mme Paul Deschanel, Georges Leygues et Mme Leygues, Klotz et Mme Klotz, Hubert et Mme Hubert, de Lanessan et Mme de Lanessan, Messimy et Mme Messimy, Denys Cochin, Painlevé, Jules Roche, Raiberti, Lafferre, Clément, Noulens, l'abbé Lemire, Steeg, Le Bail, Lefébure ;

Le comte et la comtesse Greffulhe, le prince et la princesse de Caraman-Chinay, le baron et la baronne de Lambert, Mme de Tinan née comtesse Geneviève de Caraman-Chinay, M. et Mme Besnard, le général et Mme Lebon, M. et Mme Jean Lanes, M. et Mme Hurtado, M. et Mme Huard ;

MM. le prince d'Arenberg, Saint-Saëns, Ernest Lavisse,

Edouard Detaille, le colonel Gouraud, Beau, Ramondou, André Fallières, de Ridder, Chapsal, le baron de Vink, Cartier de Marchienne et les directeurs des affaires étrangères.

Le menu, dans une délicieuse aquarelle du maître Albert Besnard, se lisait ainsi :

Oxtail à la française
Crème châtelaine
Rissoles polonaises
Timbales Païva
Homards de Granville Mornay
Selles de Béhague bouquetière
Jambons d'York castillane
Risotto à la Piémontaise
Paniers d'oranges granitées
Poulardes du Mans truffées rôties
Truffes au champagne
Buissons de cailles en gelée
Salade
Pointes d'asperges à la crème
Pêches Cardinal
Glace Viviane

Le dîner a été accompagné et suivi d'un très brillant concert exécuté par l'orchestre et le quatuor vocal Desgranges.

*
* *

S. M. le roi des Belges a fait remettre au préfet de la Seine une somme de 10.000 francs pour les pauvres de Paris.

QUATRIÈME JOURNÉE
—— 15 juillet ——

Pour la dernière journée à Paris, le programme comprenait une réception à l'Hôtel de Ville, un déjeuner à l'Élysée, et, avant de prendre le train, une visite au Musée du Louvre.

Il était dix heures et demie lorsque l'arrivée du cortège royal et présidentiel a été signalée sur la place de l'Hôtel-de-ville qui regorgeait de curieux. Les cuirassiers se sont arrêtés devant la grille d'honneur. Les clairons ont sonné et les tambours ont battu aux champs. La foule a poussé des vivats en l'honneur du roi et de la reine des Belges. Le roi, qui portait l'uniforme de généralissime, la poitrine barrée par le grand cordon de la Légion d'Honneur, est descendu de la première calèche qu'il occupait avec M. Fallières et M. Ramondou. Dans la seconde calèche se trouvaient la reine, Mme Fallières et le général Davignon. La reine avait une robe gris-clair et un grand chapeau à plumes bleues. Elle avait jeté sur ses épaules une écharpe de soie marron.

Les bourgmestres et échevins de Bruxelles et d'Anvers sont déjà entrés à l'Hôtel de Ville où ils ont été reçus avec un grand cérémonial. M. Ernest Gay, syndic, les a conduits auprès de M. Bellan président du conseil municipal, et des membres du bureau : MM. Oudin, Maurice Quentin, Massard, d'Andigné, Badini-Jourdin et Billard. Ils ont été également présentés à M. Galli, président du Conseil général, et aux membres du bureau de cette assemblée.

Ils font maintenant partie du cortège municipal qui, précédé des huissiers, s'avance au-devant du cortège

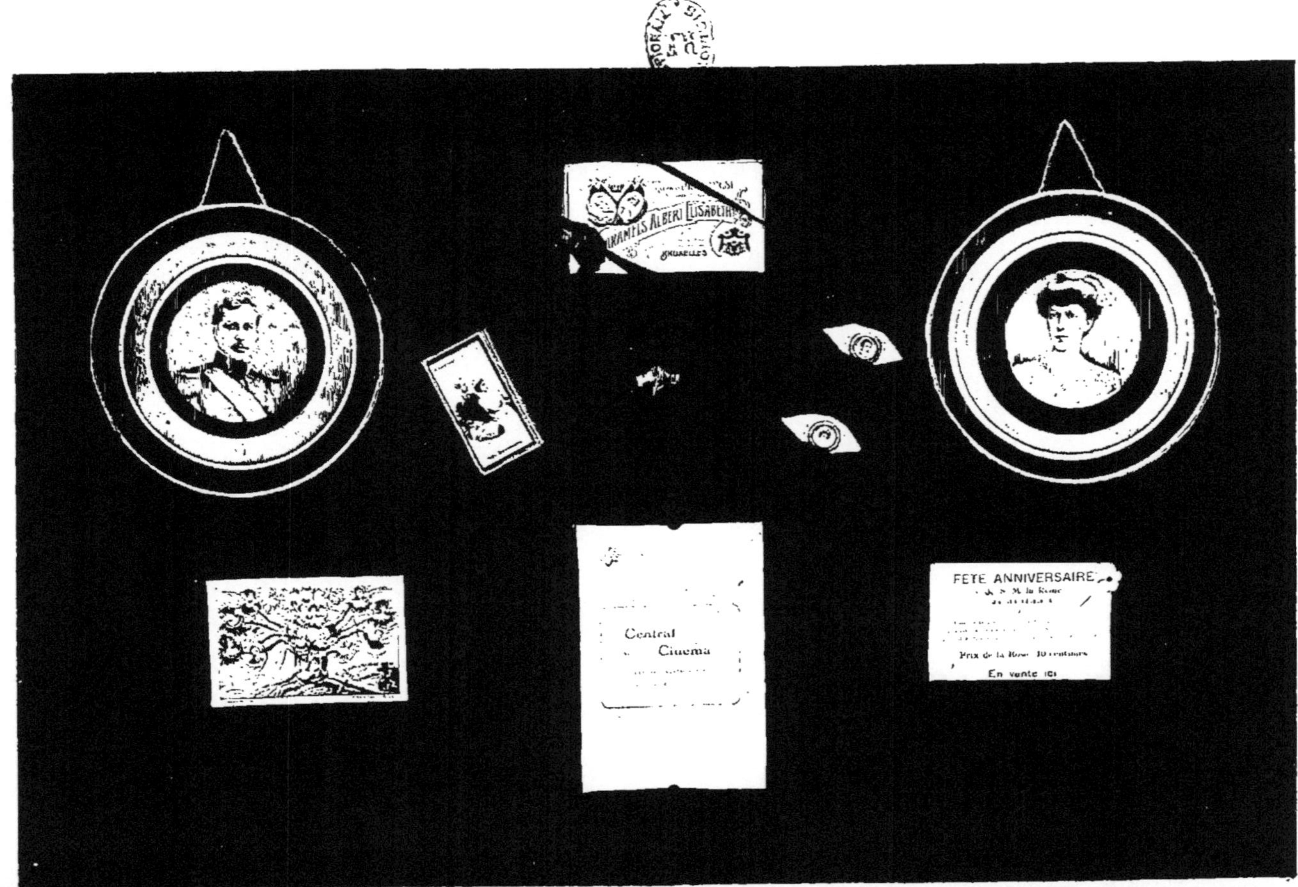
CARAMELS ALBERT ELISABETH
BRUXELLES
Central
Cinema
FÊTE ANNIVERSAIRE
S.M. la Reine
Prix de la Rose 10 centimes
En vente ici

royal et présidentiel. M. Bellan est entouré de tous les membres du bureau, de nombreux conseillers, de M. de Selves, préfet de la Seine ; de MM. Armand Bernard et Laurent, secrétaires généraux des deux préfectures ; de M. Galli, président du Conseil général ; de MM. Piette et Nicolas, directeurs des cabinets des préfets, et de nombreux hauts fonctionnaires.

M. Bellan parle le premier, d'une voix forte :

Sire, Madame, au nom du Conseil municipal de Paris, j'ai l'honneur de vous saluer, en présence de M. le président de la République, et de vous remercier de votre visite qui nous touche profondément.

Sire, il nous est particulièrement agréable d'accueillir dans cette Maison du peuple de Paris, berceau de ses antiques libertés, le souverain d'une nation si fière de son indépendance.

Solennel témoin des heures mémorables, cet Hôtel de Ville, d'où partirent tant d'appels vers la justice et le droit, est heureux de vous fêter.

Des liens sacrés, nés de traditions jalousement conservées, unissent la Belgique et la France, et nous ne pouvons oublier, au moment où nous évoquons ces relations étroites, l'action personnelle qu'a voulu exercer, pour les rendre toujours plus cordiales, ce grand roi, fidèle ami de la France, dont le nom et l'œuvre sont entrés maintenant dans l'histoire.

Tout rapproche en effet nos deux peuples, si bien faits pour se comprendre, pour s'estimer, pour s'aimer : les mêmes aspirations, un égal culte des arts et de la beauté, des affinités multiples dans le domaine des progrès économiques, le souvenir des drapeaux flottant aux accents entremêlés de la *Brabançonne* et de la *Marseillaise*.

Nous connaissons aussi et nous admirons ces cités florissantes — deux des plus illustres, Bruxelles et Anvers, sont aujourd'hui représentées parmi nous — qui de tout temps offrirent un magnifique exemple de puissance créatrice. Nos sympathies se portent, sans cesse croissantes, vers cette race virile, probe, héroïque au travail, consciente de son destin et dont l'âme ardente palpite dans de glorieuses annales.

Nous savons enfin combien votre patrie fut accueillante à certains de nos compatriotes ; de chers proscrits y trouvèrent une douce hospitalité.

Sire, nous considérons comme un heureux événement, dont nos archives conserveront la trace, votre présence au cœur de la Cité parisienne.

— 34 —

Inspirée par une haute pensée deux nationscontribuera à l'harmonie des rapports qui unissent e amitié : tel sœurs et rendra indissoluble dans l'avenir leur royalrance entièr est le vœu de Paris, interprète, j'ose l'assurer, de la France entière.

Madame, avec une bonne grâce qui ne nous a point échappé, vous avez tenu à accompagner Sa Majesté le roi. Permettez-moi de vous dire notre gratitude très vive : votre attention aimable, qui donne à cette fête tout son charme, est de celles qui ne s'oublient pas.

Paris vous connait et vous aime. Il sait qu'en vous la reine n'a jamais oublié la femme, si bonne pour tous ceux qui souffrent, si noblement soucieuse de remplir ses devoirs de mère.

En même temps qu'à la souveraine, c'est à la femme, c'est à la mère qu'ont été les acclamations enthousiastes de notre généreuse population, et c'est vers elle que montent en ce jour, avec ses respectueux hommages, les souhaits qu'elle forme pour le bonheur de petits enfants tendrement chéris.

Discours de M. de Selves

M. de Selves, préfet de la Seine, parle en ces termes :

Sire,

Paris ressent la joie la plus vive de la visite de Votre Majesté et de Sa Majesté la Reine.

La terre de Belgique est sœur de la nôtre, et les événements de sa vie nationale ne sauraient laisser la France indifférente.

Sa voix se joint donc volontiers, en ce jour, à celle de la Belgique, pour saluer l'avènement au trône d'un souverain dont elle sait l'esprit largement ouvert aux conceptions de nos temps modernes et qui, dans la simplicité voulue de sa vie de famille, a su trouver une élégance de plus.

Madame, il est des traditions qui, de génération en génération, se transmettent pieusement et projettent autour d'une famille une auréole de bonté.

Nul n'ignore qu'après s'être fait recevoir docteur en médecine le duc Kal Théodore a consacré à secourir le malheur sa vie et sa fortune.

Mais chacun sait, en même temps, que, si parmi les fleurons de la couronne royale portée par sa fille brille l'amour des arts, l'esprit de bonté et de charité y rayonne aussi du plus pur éclat.

Que la Belgique, qui en augure justement les plus heureux effets, accueille nos félicitations ; que Votre Majesté et Sa Majesté le Roi daignent agréer nos hommages avec nos vœux pour le bonheur de leurs personnes et de leur règne.

La musique joue la « *Brabançonne* »

Le roi Albert Ier répond :

> Monsieur le Président du Conseil Municipal,
> Monsieur le Préfet,

La reine et moi, nous vous remercions cordialement des gracieux compliments que vous nous avez adressés en nous souhaitant la bienvenue dans ce Palais, et nous tenons à vous dire combien nous sommes reconnaissants à la population parisienne du charmant accueil qu'elle nous a fait.

J'ai été extrêmement heureux de me rendre à l'aimable invitation du Conseil Municipal, car je viens d'un pays où l'Hôtel de Ville est le symbole même de la grandeur de la Cité, le temple de ses franchises et de ses libertés communales.

J'éprouvais d'avance le plus vif intérêt à voir et à visiter ce superbe monument où afflue et se centralise la vie des vingt arrondissements parisiens et qui est entouré d'édifices non moins remarquables, témoins du glorieux passé de votre capitale.

J'apporte à la Ville de Paris le salut amical d'un pays où elle compte d'innombrables admirateurs venant la visiter assidûment, pour lesquels elle sera toujours un foyer de lumière, d'art et de goût sans rival.

La musique exécute la *Marseillaise*.

On a discrètement applaudi aux paroles du roi.

Le cortège se reforme, et M. Ernest Gay, qui a organisé d'une manière remarquable cette belle réception, guide les souverains vers les grands salons, tandis que MM. Bellan et de Selves marchent à côté de la reine et du roi des Belges.

La musique de la Garde joue pendant que le roi Albert et la reine Elisabeth remercient vivement M. Bellan, le préfet de la Seine et M. Ernest Gay de cette réception charmante.

On se rend au buffet, dans le salon des Arcades, où les souverains signent sur le livre d'or de la Ville, et où M. Bellan remet à la reine un merveilleux éventail portant le chiffre de la reine en brillants et des miniatures représentant l'Hôtel de Ville et des vues de Paris. Le roi Albert reçoit une superbe coupe en argent à ses armes et aux armes de Paris, dans laquelle il boit le champagne qu'on lui verse.

M. Bellan porte le toast ; le roi Albert répond en disant combien il est touché de l'accueil qu'a fait à la reine et à lui la population parisienne.

La réception est terminée. Les souverains prennent congé de M. Bellan et du préfet de la Seine. Ils regagnent leurs voitures. De nouvelles acclamations, au départ, s'élèvent de la foule qui s'est encore accrue pendant la réception.

Après avoir quitté l'Hôtel de ville, le roi et la reine de Belgique sont rentrés aux Affaires Étrangères.

Bientôt ils en repartaient à nouveau pour se rendre à l'Élysée, où le président de la République devait les recevoir en un déjeuner intime.

Les personnes de la suite du roi et de la reine, ainsi que M. Briand, président du Conseil, M. Pichon, ministre des Affaires Étrangères et M. Doumergue, ministre de l'instruction publique, y assistaient.

Il était deux heures et demie passées quand les souverains, accompagnés du président et de la présidente, sortirent de l'Élysée pour se rendre au Louvre.

Sur le parcours, nos hôtes ont été plus fortement acclamés encore qu'à leurs premières sorties.

La visite du musée s'est effectuée sous la conduite de MM. Homolle, Michel et Girault.

Les souverains regagnèrent ensuite le ministère des Affaires étrangères, et, directement la gare des Invalides, où devait avoir lieu le départ du train spécial.

C'est à 4 h. 15 que le train emportant les souverains s'est ébranlé. Les adieux des souverains belges au Président de la République et à Madame Fallières ont été des plus chaleureux.

Le peuple français gardera profondément dans son cœur le souvenir mémorable de la visite de LL. MM. et n'oubliera jamais la vision du gracieux sourire de l'aimable Souveraine.

Quand à nous, nous présentons ce modeste volume, qui relate les étapes de la visite du roi et de la reine des belges, nous les prions respectueusement de daigner en agréer l'hommage.

Les Journalistes Belges

chez les Journalistes Français

Le Syndicat de la Presse Parisienne (directeurs de journaux) a offert aux confrères belges venus pour accompagner les souverains de Belgique à Paris, un déjeuner.

Assistaient à ce déjeuner avec les directeurs des principaux journaux de Paris, MM. Van Yperselle de Nrihou, conseiller à la légation de Belgique ; le comte d'Oultremont, attaché ; Clinchant, secrétaire d'ambassade ; Claës directeur de la *Métropole* d'Anvers ; Chomé, rédacteur en chef de la *Gazette de Charleroi* ; Jean Bernard, directeur de l'*Indépendance belge* ; Bernier, de l'*Etoile Belge* ; Souguenet, de la *Chronique* ; Monet, de la *Niew-Gazet* ; Gilbart de la *Meuse*, et plusieurs correspondants des journaux belges à Paris.

Au dessert, M. de Nalèche, qui présidait, a souhaité la bienvenue aux confrères belges et porté la santé du roi et de la reine de Belgique, puis remercié de sa présence M. Jean Dupuy, ministre du commerce.

En termes très heureux et fréquemment applaudis, M. Bernier, représentant de l'*Etoile Belge*, a remercié le Syndicat de la presse de la réception si charmante qui leur a été faite ; puis, il a bu à la fraternité de la France et de la Belgique.

M. Jean Dupuy, après avoir rappelé l'accueil si cordial qu'il a reçu récemment à Bruxelles, fut très applaudi en buvant à la presse belge.

Cette réunion, où la cordialité la plus franche n'a pas cessé de régner, a pris fin, trop tôt au gré de tous, les confrères belges étant appelés au Louvre par leurs devoirs professionnels.

Le Dîner des Bourgmestres
et des Échevins belges

La municipalité de Paris a offert un dîner dans la grande salle à manger de l'Hôtel de Ville aux bourgmestres de Bruxelles et d'Anvers, MM. Adolphe Max et Jean de Vos, et à des échevins de ces deux villes, MM. Grimard et Steens, Desguin et Altrecht.

Le dîner a été admirablement servi. Les tables étaient très gracieusement servies Le dîner comprenait 160 couverts et M. Bellan, le distingué président du Conseil municipal, a pu dire au dessert, dans son allocution aussi aimable qu'éloquente et fine, qu'on avait invité « tous ceux qui font partie de la grande famille municipale... dont vous êtes maintenant, messieurs les bourgmestres et échevins ».

Ce disant, M. Bellan a remis à chacun des hôtes de la municipalité les insignes de conseiller municipal. Cette attention délicate a été vivement appréciée des bourgmestres et des échevins.

M. Galli, président du Conseil général a été également fort bien inspiré lorsqu'il a expliqué que cette entente si cordiale entre municipalités de grandes cités, était la meilleure des diplomaties, la diplomatie des cœurs, la diplomatie de l'amitié, des intérêts commerciaux et des intérêts vitaux des nations.

Ce toast fut aussi éloquent. Celui du préfet, M. de Selves, a été prisé de tous pour sa belle harmonie et pour les sentiments qui furent exprimés à l'égard des souverains à qui Paris vient de faire un si brillant accueil et à l'égard des échevins des grandes villes belges.

M. Laurent, secrétaire général, a associé le préfet de police aux souhaits formés pour la nation belge. Le bourgmestre d'Anvers, M. Jean de Vos a prononcé une allocution émue et le bourgmestre de Bruxelles, M. Adolphe Max, un remarquable discours, d'une forme splendide et d'une haute portée philosophique. « Nous sommes ici, a-t-il dit, émus de la réception fraternelle que vous nous faites. Nous affirmons ainsi une tradition d'amitié qui est constante entre la Belgique et la France. Vous venez de sacrer chacun de nous conseiller municipal de Paris, en nous remettant l'insigne de votre fonction.

« Eh bien, nous sommes heureux de cette attention qui nous touche profondément, car Paris n'est pas seulement pour nous le phare qui montre la route, la lumière qui conduit au progrès, le foyer où s'épure l'esprit humain, le laboratoire où se prépare l'avenir des peuples ; Paris est encore l'endroit où la solidarité entre les hommes a fait entrevoir la solidarité des nations. »

Ce discours a été frénétiquement acclamé.

Le menu représentant l'Hôtel de Ville de Paris et les armes des villes de Belgique, était fort joli.

La musique de la garde qui, en cette journée, après les fatigues de la journée précédente, s'est dépensée sans compter, a joué avec un ensemble merveilleux, pendant le repas, l'ouverture de *Sigurd* et la première Symphonie de Saint-Saëns.

DEUXIÈME PARTIE

Le Bibelot populaire
Franco-Belge
Menus officiels
Le Cigare
Photographies
Cartes-Postales

Après la sécheresse de documentation des réceptions officielles attaquons notre sujet favori : *le Bibelot*.

Pour donner plus d'intérêt à ces petits « riens » historiques qui font la joie des collectionneurs nous avons réuni l'article français à l'article belge.

Dans un de nos premiers volumes de la collection de *l'Histoire par le Bibelot* (1) nous avons énuméré les milliers d'articles franco-russes qui ont été mis en vente à l'occasion des visites des marins russes et du Tzar Nicolas II. Nous prétendions que jamais pareille production n'avait salué un voyage de Souverains ni une fête populaire. Nous étions dans l'erreur.

A l'occasion du 75ᵉ anniversaire de l'indépendance Belge nous avons constaté encore une plus grande éclosion d'articles populaires, aujourd'hui introuvables —

(1) L'Empereur Nicolas II aux manœuvres françaises de 1901. 1 vol. 16 planches 300 articles reproduits : 5 francs.

Roi Albert
ROYAL ALBERT
SPERANZA
Roi Albert

l'article populaire a atteint cette fois-là son apogée. — Mais depuis ces fêtes splendides comme savent seuls en composer nos voisins de Belgique, le bibelot est mort. Avec une ténacité de collectionneur nous avons voulu posséder à Bruxelles tout ce qui glorifiait le nouveau roi Albert Ier. Cette glorification des six premiers mois d'un règne qui s'ouvre sous les plus heureux auspices a été faite surtout par le CIGARE.

Au cours de nos recherches nous avons trouvé en Belgique les *cigares Spéranza* ornés d'une bague réprésentant le Roi ou la Reine ; les portraits des Souverains en couleurs sont, sur le fonds de la boîte, et sur le côté, cette même marque fort répandue en Belgique est annoncée au public dans les jolies devantures par une pancarte représentant la même illustration ; il y a encore le *cigare Albert Ier* avec portrait du Souverain en civil et le même dessin en bague, il y a aussi les *cigarettes Roi Albert Ier* avec portrait du Souverain sur le paquet et le nom imprimé sur chaque cigarette ; elles sont avec bout doré ou avec bout de carton, deux fort jolies enseignes les signalent au public, l'une en fer à cheval avec lettres dorées, l'autre avec photographie album en lettres rouges, il y a enfin des cigarettes renfermées dans des boîtes en carton blanc ou noir avec lettres dorées, chacune est agrémenté d'un ruban aux couleurs belges, les cigarettes portent imprimées en bleu les mots *Roi Albert.*

Quelle belle collection nous réserve le règne du Roi Albert. Aucun Souverain n'a été pareillement et si éloquemment fêté durant son existence entière que pendant les six premiers mois de ce sympathique Monarque.

On prétend en France que tout homme célèbre doit être reproduit en pipe — il est assez curieux de constater que la Belgique, pays essentiellement consommateur de tabac, ait oublié de célébrer son Souverain... attendons.

Le Bibelot Belge nous donne encore les *Cara-*

mels Albert-Elisabeth renfermés dans une boîte en carton avec médaillons du Roi et de la Reine, chaque bonbon est enveloppé dans un papier sur lequel on remarque le portrait des Souverains. Nous avons trouvé encore une petite *médaille* en métal représentant le Roi Albert ; un *couteau* en ivoire avec portrait du *Souverain* et un autre avec portrait de la Reine ; de jolies *cuillères* avec portrait du Roi et de la Reine en argent doré ; du *papier à lettre* Roi Albert et Reine Elisabeth. Deux *portraits* en couleurs sous verre dans un encadrement ovale réprésentant l'un S. M. Albert, l'autre S. M. Elisabeth ont été vendus à Bruxelles pour le prix modique de 0. fr 30 chaque.

Enfin de nombreuses *cartes postales* représentent le Roi, la Reine, la Famille Royale, une carte généalogique.

Le *Bibelot populaire* a le don de caractériser une époque et de faire vivre la petite industrie, elle soulage des misères en amusant. Pendant qu'en France la population se pressait sur le passage des Souverains pour les acclamer, à Bruxelles le bibelot était roi du jour sous la forme d'une *petite rose* que des milliers de personnes avaient arborée à leur vêtement. Cette rose était un symbole vraiment touchant — c'est en effet la fleur préférée de la Reine Elisabeth et comme sa fête tombe le 24 Juillet de généreux cœurs avaient décidé que le produit de la vente (0.fr 10) serait versé à l'œuvre de la Tuberculose que patronne la Reine des Belges — les recettes seront certainement fructueuses à en juger par tous ceux qui s'en paraient tant Belges qu'étrangers. Sa Majesté la Reine, dont on connaît la dévouement, vivra des instants heureux lorsqu'elle saura le bien qui a été fait sous l'égide de son nom.

Encore une fois le Bibelot fera des heureux parmi les malheureux. Nous n'avons pas voulu laisser passer ce noble mouvement sans le signaler et nous applaudissons autant à l'idée évocatrice qu'au noble résultat obtenu.

Parmi les *pièces officielles*, nous avons été assez heureux de posséder tous les *menus et programmes*, nous les reproduisons dans deux planches spéciales. Ce sont :

1° Le Menu du dîner à l'Élysée du 12 Juillet, dessiné par Gorguet et édité par Stern.

2° Le Programme de Gala de l'Élysée du 12 Juillet, édité par Stern.

3° Le menu du déjeuner à Versailles du 13 Juillet, édité par Stern.

4° Le Programme de Gala de Versailles du 13 Juillet, èdité par Stern.

5° Le Menu du dîner à la Légation du 13 Juillet, édité par Stern.

6° Le programme de la soirée de Gala à l'Opéra du 13 Juillet, édité par Stern.

7° Le Programme de Gala du Ministère des Affaires Étrangères du 14 Juillet, édité par Stern.

8° Le Menu du déjeuner à l'Élysée du 14 Juillet, dessiné par M. Leloir et édité par Devambez.

9° Le menu du dîner au Ministère des Affaires Étrangères du 14 Juillet, dessiné par A. Besnard et édité par Maquet.

10° Le Menu du déjeuner offert aux bourgmestres et échevins de Bruxelles et d'Anvers à l'Hôtel de Ville le 15 Juillet, édité par Devambez.

Remercions, encore une fois, les célèbres éditeurs de ces menus et programmes qui nous ont procuré le plaisir de réunir un ensemble aussi complet de jolies pièces déjà introuvables.

Nous devons signaler parmi les journaux illustrés : *l'Illustration*, *le Monde illustré*, *le Petit Journal*, *le Journal*, *Je Sais-Tout*, *Fémina*, *le Petit Parisien* et *l'Actualité*, chacun de ces journaux a publié des instantanés et des portraits du Roi et de la Reine.

De nombreuses *cartes postales illustrées* ont représenté le Roi et la Reine et des vues prises lors du passage du cortège officiel à Paris, à Longchamps, à Versailles. Deux cartes humoristiques d'un goût douteux méritent simplement d'être mentionnées ici.

La *publicité* qui ne perd jamais l'occasion de vanter ses produits avait fabriqué pour le *Sport* un prospectus aux couleurs belges et la maison du High-Life avait orné ses vitrines d'une charge de S. M. Albert Ier.

Terminons notre ouvrage par la décoration privée et rendons hommage au goût exquis qui présida au pavoisement des maisons suivantes : L'Hôtel Terminus, Labourdette, Delaunay-Belleville, Keller antiquaire ; F. Potin, du boul. Malesherbes ; la Société des Wagons-lits, la Bénédictine, les Magasins du Printemps, les Galeries Lafayette, la Société Générale, l'Hôtel Ronceray, la Grande Taverne, l'Opéra, le Café Riche, la Taverne Pousset, le Restaurant Brébant, la Banque Franco-Belge.

Enfin une mention spéciale pour clore notre liste doit être attribuée à la Société Lille et Bonnières (dépôt de Clichy) pour l'ensemble de sa décoration aussi abondante que choisie.

H. D.

R. de la T. S. I.

H. DARAGON, Imprimeur-Éditeur, 96-98, rue Blanche, Paris.

CETTE SÉRIE COMPREND 16 VOLUMES

Elle a été honorée de nombreuses souscriptions de la Présidence de la République Française — des Ambassades — du Diplôme d'honneur de première classe de la Société Nationale d'encouragement au Bien — de la Médaille d'Argent de la Croix Rouge d'Espagne — et d'un Chronomètre en Or de S. A. I. le Tzar Nicolas II.

Évreux. — Imprimerie Ch. Hérissey, et Cⁱᵉ

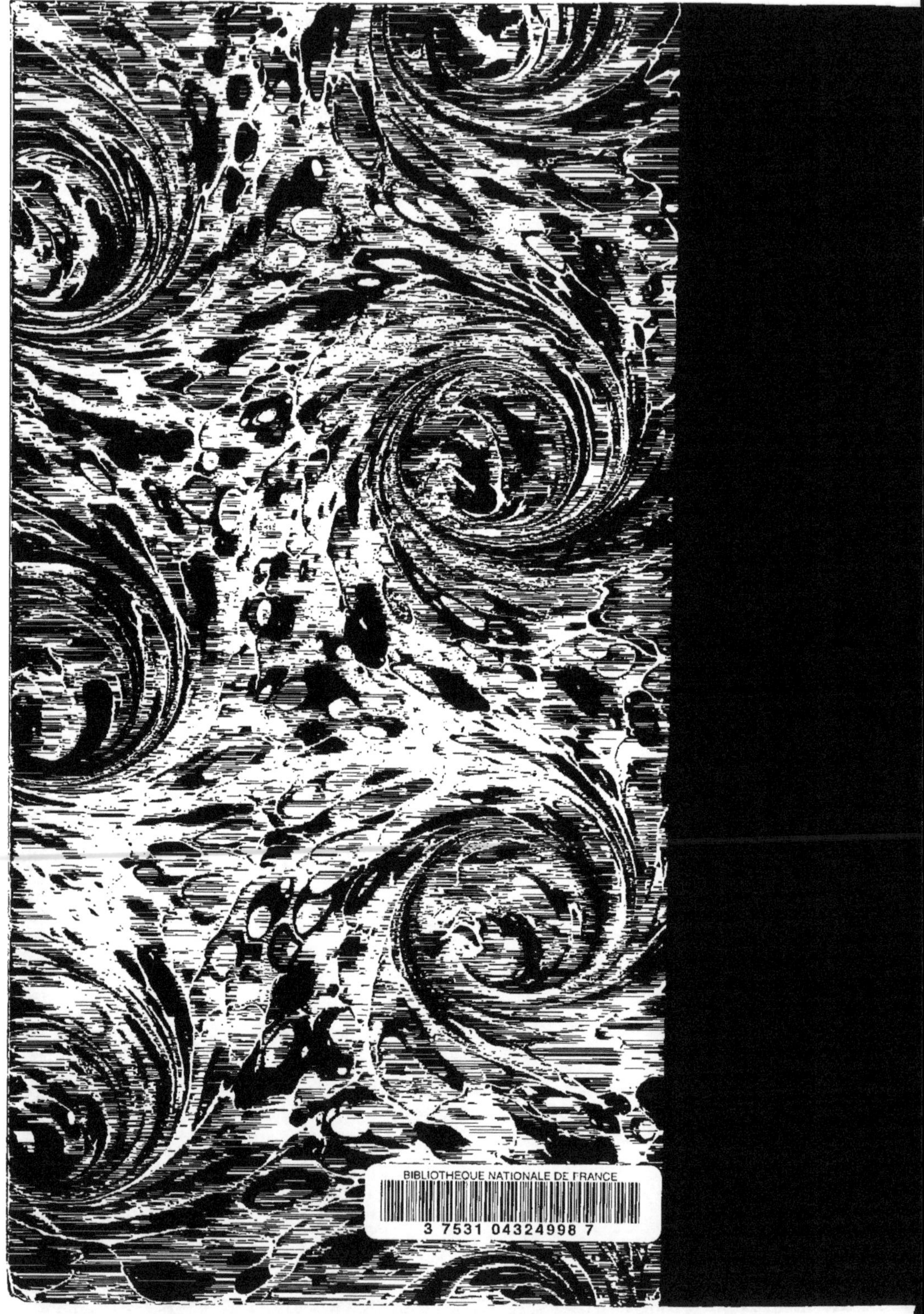

BIBLIOTHEQUE NATIONALE DE FRANCE
3 7531 04324998 7

www.ingramcontent.com/pod-product-compliance
Ingram Content Group UK Ltd.
Pitfield, Milton Keynes, MK11 3LW, UK
UKHW010915160726
13695UKWH00007B/1407